요코씨의 "말"
그게 뭐라고

YOKOSAN NO "KOTOBA" SORE GA NAMBO NO KOTO DA

by Sano Yoko, Kitamura Yuka

Copyright © JIROCHO, Inc. 2016
Copyright © Kitamura Yuka 2016
Copyright © NHK 2016
All rights reserved.
Original Japanese edition published by KODANSHA LTD.

Korean Translation Copyright © Minumsa 2018

Korean translation edition is published by arrangement with
KODANSHA LTD. through Imprima Korea Agency

이 책의 한국어 판 저작권은 Imprima Korea Agency를 통해
KODANSHA LTD.와 독점 계약한 (주)민음사에 있습니다.

저작권법에 의해 한국 내에서 보호를 받는 저작물이므로
무단 전재와 무단 복제를 금합니다.

사노 요코
기타무라 유카 그림
김수현 옮김

요코"씨의 "말" ❷
그게 뭐라고

민음사

네 번째
**가난한 사람의
품성** 65

다섯 번째
**그게
뭐라고** 83

여섯 번째
**아침에 눈을 뜨면
바람이 부는 대로** 99

일곱 번째
**아무것도
몰랐다** 115

여덟 번째
**두 살 터울의
오빠가 있었다** 135

아홉 번째
**평범하게
죽기** 157

차례 一

첫 번째
**적어도 더 이상,
그 누구도
아무것도 생각해 내지
말았으면 좋겠다** 7

두 번째
**아
힘들어** 27

세 번째
**이거
사기?** 45

첫
번
째
一

적어도 더 이상,
그 누구도
아무것도 생각해 내지
말았으면 좋겠다

친구의 친구 중에
의사 선생님이 있다.

한 달에 한 번씩 하는 보험 계산이
보통 일이 아니라서
그때가 오면 아르바이트 학생을
몇 명 구해서

아내까지 동원해
꼬박 50시간을 밤까지 새 가며
죽어라 계산만 한단다.

끝나면 다 함께
"드디어 끝났다!"
입을 모아 소리치고

"그럼 고기나 구워 먹으러 갈까" 하는
의사 선생님의 말에 따라

모두 다 같이
고깃집에 간다고 한다.

아내는 이튿날이 되면
"오랜만에 시내 백화점에
다녀올게요." 하고
잔뜩 들떠서 외출한단다.

그러다가 이번에
최신식 컴퓨터를 도입했더니
그 힘들었던 일이 혼자서도
한 시간 만에 끝나더란다.

의사 선생님은 멍하니
맥이 풀려 버렸다.
"그럼 고기나 구워 먹으러 갈까."
이 말을 더 이상 할 수 없는 것이다.

아르바이트
학생들을
알고 지낼 일도
없어지고

★ 완료되었습니다

첫 번째 — 적어도 더 이상, 그 누구도 아무것도 생각해 내지 말았으면 좋겠다

아내는 "오랜만에
시내 백화점에 다녀올게요." 하고
말하지 않게 되는 것이다.

의사 선생님은 이래도
좋은 걸까, 하고
깊이 고민하고 계시다고 한다.

편리한 것,
이런 게 있으면 좋겠다 싶은 것은
어쩌면 다 이런 게 아닐까.

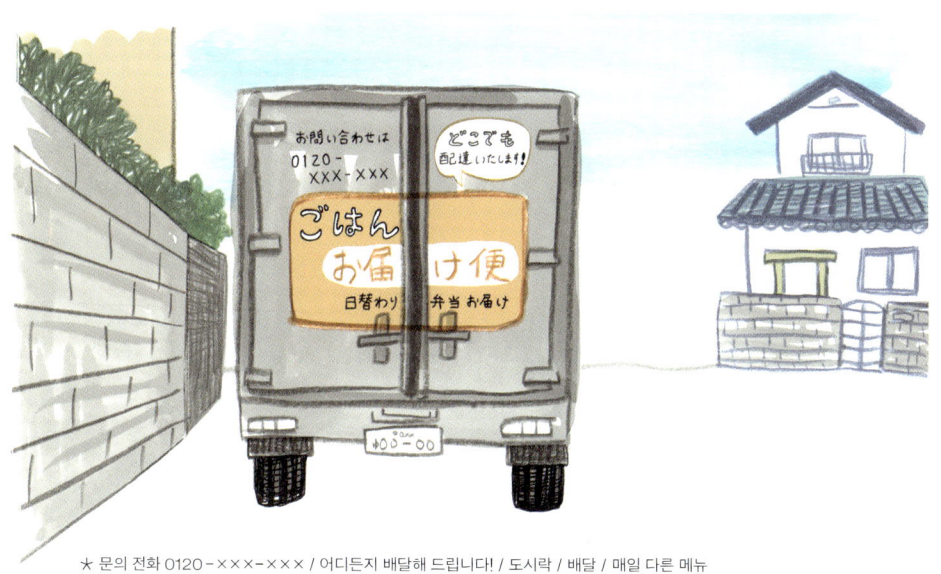

★ 문의 전화 0120-×××-××× / 어디든지 배달해 드립니다! / 도시락 / 배달 / 매일 다른 메뉴

매일 반찬을 바꿔 가며
식사를 배달해 주는
반찬 가게도 있다.

인사불성이 되도록 취한 사람 대신
운전을 해 주는 직업도 있다.
이다음에는 누가 무엇을 새로 생각해 낼까.

사람은 한없이 게으른 존재라
게으름을 조장하는 게 있으면
무조건 덥석 달려든다.

그런 한편
가만히 있지 못할 정도로
바쁘고 부산스럽다.

인디오 여자들은
매일 다 같이 물독을 가지고
물을 길으러 가서

매일 강가에서
데굴데굴 구르며
웃는다고 한다.

어째서 도르래를 달아서
물을 긷지 않는 것일까,
문명인들 생각에는
짜증 나는 일일지도 모르지만,

그녀들은 데굴데굴 구르며
까르르 웃음이 끊이지 않는
매일매일이 즐겁다고 한다.

나도 불편하면 불편한 대로 지내다가
그 뒤 어느 한순간 누군가와
"이야, 이제야 끝났네." 하고
기뻐하고 싶다.

그런데 실제로는
걸어서 10분 거리의 우체국까지
차를 운전해 가고 있다.

아아, 싫다.
나는 이루 말할 수 없이
게으른 사람이다.
적어도 더 이상, 그 누구도
아무것도 생각해 내지 말았으면 좋겠다.

아담하고 소박한
인간의 생활을 더 이상
망치지 말아 줬으면 좋겠다.

그게 병뚜껑을 편하게 여는
고무 밴드 하나라도 말이다.

"여보,
 병이 안 열리는데."
"어디 이리 줘 봐."

"와! 열렸다!
우리 자기 힘도 세지."
하면서 남자에게 입 맞추는 기쁨을
남겨 둬야 하지 않을까.

두 번째 ―

아
힘들어

자신이 미인이 아니라고
생각하는 수많은 동지여,
우리는 가시밭길을 걸어왔다.

어느 동지는 말했다.
"우리는 세금을
 깎아 줘야 해.

예쁜 사람은
어떤 면에서나 우대를 받아
이득을 보는 일이 참 많아.

같은 세금을 내라는 건
불공평한 일이야."
하고 탁자를 내리쳤다.

"그걸 누가 정하는데?
세무서 직원이
어디 보자, 으음,
당신은 주민세도 소득세도
면제 대상입니다, 이래?"

★ 못생김 신고서 / 성명 ○○○ / 1. 좋다 / 2. 그럭저럭 / 3. 보통 / 4. 별로 / 5. 매우 별로

"아니, 자기신고제로 하는 거야.
다섯 등급 정도로 나눠서
못생김 2등급, 3등급 하는 식으로."

"그러면 자네는 못생김 5등급,
세금 0원이라고 신고하게?"
"으음, 그러기는
 자존심이 상하니까.

★ 납세과 / 세금을 납부합시다

그렇게 되면 또
나는 세금 많이 낸다고
영수증을 흔들고 다니고
싶을지도 모르겠어."
마음이 복잡한가 보다.

★ 1. 좋다 / 2. 그럭저럭 / 3. 보통 / 4. 별로 / 5. 매우 별로 / 수리 / 납세국

또 어느 동지는 말했다.
"내가 왜 이렇게
수다쟁이가 됐는지 알아?

가만히 있으면 사람들이
내 얼굴이 어떻게 생겼는지 알잖아.
얼굴 기본 생김새가 들통나잖아.

그래서 말을 하고
웃고 화를 내서
생김새를 헷갈리게
만드는 거야.

헷갈리게만 만들면
더 못생겨 보이고 말지도 모르니까.
이야기 내용을
최대한 웃기고 재미있게 꾸미려고
얼마나 필사적인지 몰라."

동지들은 이렇게
평소 알게 모르게
고생을 해 왔던 것이다.

또 어느 동지는 말했다.
"나, 알았어.

왜, 미인을 보면 얼굴 부품이
예쁘고 배치도
바르게 되어 있잖아.

하지만 그건 구닥다리야.

박력 하면 데포르메*지.
나는 이 커다란 입을
당당하게 주장하려 해.
덕분에 남들보다 립스틱 비용이
세 배는 들어.

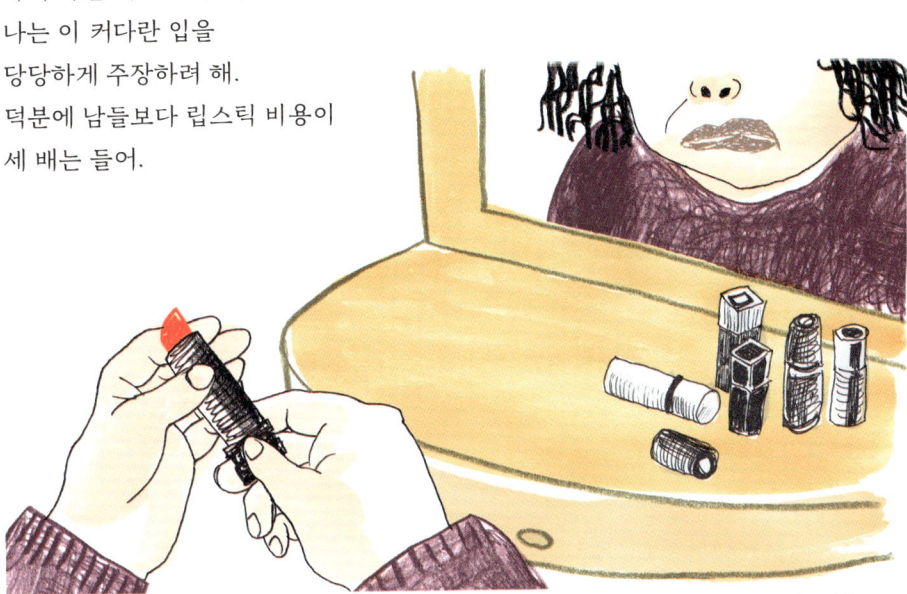

★ 일부러 과장하여 묘사하는 기법

마치 르누아르가
빨간색 물감을 많이
사는 것처럼."
이러면서 예술로
빠지는 동지도 있다.

인간이 평등하다는 건
환상이다.
평등이라니 기분 나쁘다.
재미없다.

★ 밤 11시까지 영업

동지여, 우리는
차별 속에서
살아왔다.

★ 20% / 타임세일

어쩌면 그 차별이야말로
특권 계급에 있는 사람들보다도
열심히 살아가는 에너지를 준
원동력인지도 모른다.

어쩌면 특권 계급은
어떤 획일적인 운명 속에
있는 건지도 모른다.

하지만 우리 동지들은
실로 다양하다.
다양하다는 것은 풍요롭다는 뜻이다.
세상의 풍요로움에
공헌하고 있는 것이다.

이제 와서 이 풍요로움을 버리고,
특권 계급에 머리를 들이밀 수 있겠는가?

아, 힘들다.
동지여,
스스로를 북돋운다는 건
참 힘든 일인 것 같다.

세
번
째 ―

이거
사기?

생물의 숙명은
자연의 흐름에 따라 살아가는 것이고
그로써 우주는 성립되고 있다.

사람이 나이를 먹는 것은
지극히 당연한 일.
저 사람도 나이가 들었다.
나도 나이를 먹었다.
잘 안다.

하지만 거울을 보면
"이게 나란 말이야? 거짓말!"
이런 생각을 하고 만다.
이거 사기당한 것 아닌가.

붕괴는 멈출 줄 모르고
쭉쭉
속도를
더해 간다.

예순셋이 되니
건망증이 심해지고
사물이나 사람의 이름이
금방 튀어나오지 않는다.

"그 왜, 그거."
"그 사람 있잖아."
하고 날마다 쉰 번은 말을 한다.

기억력의 살이
쳐지고 있는 것이다.

집중력이 흐려져서
작업을 오래 못한다.
정신력의 살도
점점 쳐지고 있다.

그럴 때, "이럴 리 없어. 이럴 줄 몰랐다고."
하는 생각은 들지 않고,

어쩔 수 없지,
나이를 먹었는데……
하고 마음이 묘하게
잔잔해진다.

혼자 있을 때,
나는 대체 스스로를
몇 살로 생각하고
있을까.

파란 하늘에 하얀 구름이
떠가는 것을 보면,
어렸을 때와 똑같이
세상은 나와 함께 있다.

예순 살이든
네 살이든 "내가"
하늘을 보고 있을 뿐이다.

갑자기 거미집이 얼굴에
달라붙거나 할 때
느끼는 놀라움은

일곱 살이나 마흔 살이나 똑같이
그저 내가 놀랄 뿐이다.

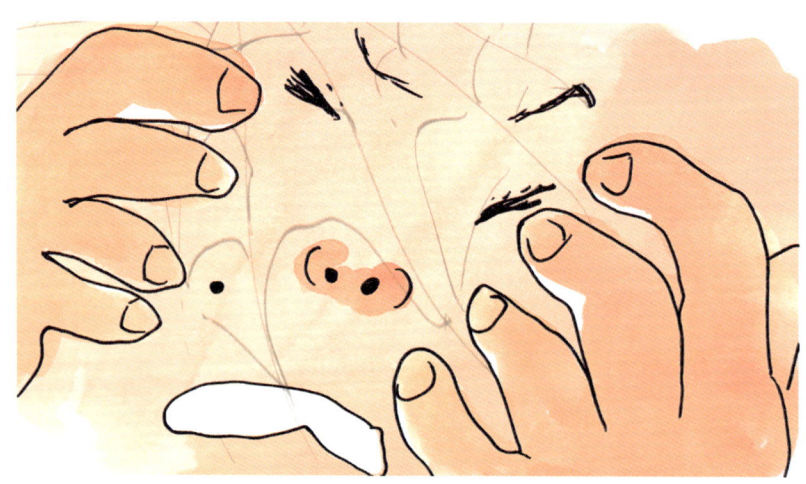

붐비는 도회의 교차점에서
안절부절못해

아 짜증나, 하고 외치는 것은
서른 살이나 쉰 살이나
다를 바가 없다.

10대 때는
사람은 마흔이 지나면
어른이라는 것이 되어,

세상일을 다 경험하고,
어떤 어려움에든
바르게 대처하게
되는 줄로만 알았다.

지금 생각해 보면,
10대 때 나는
나 자신밖에
생각하지 않았다.

함께 살아가는
같은 시대 사람들에게 말고는
진지하게 이해력이나
상상력을 발휘하려고 하지 않았다.

하지만 마흔이 되고 쉰이 되니
어릴 적의 젊음, 단순함, 어리석음,
얄팍함에 수치심이 생기고,

그 나이가 되어 아줌마들의
기쁨, 괴로움, 슬픔에
공감하게 되었다.

★ 사랑하는 ㅇㅿㅁ / 전 작품 수록 특전 영상 DVD / 사랑하는 ㅇㅿㅁ

★ 사랑해, 쭉 함께 있자

뿐만 아니라
인생은 마흔부터일지도 모른다며
나이를 먹는 것이
기쁘기까지 했다.

그리고 마흔이든
쉰이든

어떤 상황에도
당황하지 않을 수 있는
사람은 없다는 사실을 깨닫고
나는 몹시 놀랐다.

뭐야, 아홉 살 때나
똑같잖아.
사람은 조금도 더
영리해지지 않는 거야.

내 안의 네 살은
죽지 않았다.

눈이 내려서 기쁠 때,
나는 내가 네 살이든 아홉 살이든
예순세 살이든 상관하지 않는다.

네
번
째
―

가난한 사람의
품성

우리는 가난한
화가 지망생들이다.

얼마나 가난하느냐 하면
허리에 찰
벨트조차 없는
남자가 있다.

그 남자는
밧줄로 바지춤을 조이고
나비매듭을 지어 놓았다.

또
바지가 한 벌밖에 없는 남자는
바지를 빨아 널어 둔 동안은
속옷 바람이라
외출을 하지 못 한다.

나는 1년 내내
오징어처럼 납작한 이
청치마를 입는다.

그런 집단 속에서
그 남자는 곧잘
양복 재킷을 팔락팔락
열었다 닫았다 한다.

재킷 안에
붙어 있는 상표를
자랑하고 싶은 것이다.

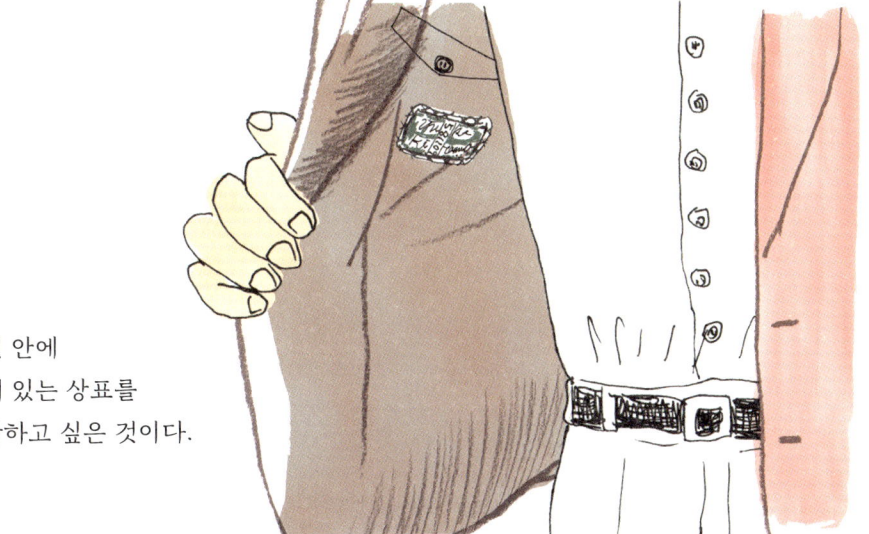

길쭉한 청회색의
세련된 신발을 신고
의자에 앉았을 때는 다리를 꼰 채
발목을 위아래로 흔든다.

그 구두도 좋은 상표의
맞춤 구두였을지도
모르지만
가난한 화가 지망생인 우리가
알아볼 턱이 없으므로

그래 봐야
발목 운동밖에
되지 않았을 것이다.

어느 날 여자 둘이서 그 남자와
카페에 간 적이 있다.

"난 말이야,
 여자를 분별하는
 나만의 방법이 있어.

난 말이야,
여자를 소개받아 만나게 되면
꼭 슈크림을 내놓아.

슈크림을 깔끔하게
먹을 수 있는 여자라면
틀림이 없다고 생각해서지."

아마도 나는 어이가 없어
입이 벌어져 있었을 것이다.
이게 스물 남짓 먹은 남자가 할 소리인가.

"슈크림 따위 두 손에 들고
크림은 날름날름 핥아 가며 먹으면 되잖아."
나는 어쩐지 불쾌한 기분에
그렇게 말했다.

"후후후 그러면 실격이야,
나이프와 포크를 이용해
크림을 안 흘리고
먹을 수 있어야지."

그러든가 말든가.
그렇게 해서 어디 좋은 집 아가씨라도 꿰차든가.
우리가 상관할 바가 아니야.
소개받아 나왔던 아가씨들도
마찬가지 생각일 테지.

나는 가난한 화가 지망생들이
더 품위 있다는 생각을
하게 되는 것이다.

밧줄로 허리를
묶은 남자는 비굴하지 않았다.
늘 당당했다.

속옷 바람으로
바지가 마르기를
기다리던,
다리털이 수북이 난
남자는 귀염성이 있었다.

속옷 바람이라도
결코 부끄러워하지 않았다.

돈이 없다는 사실이
품성을 깎아내리지
않았다.

그러나 요즘은 일본 전체가
부자가 되었다.

생각해 보면,
재킷을 팔락거리던 남자와
같은 사람들이
세상에 수두룩하다.

정말로 일본인은
품위를 잃어버렸구나, 하고 생각한다.
정체성이 돈밖에 남지 않았다고.

재킷을 팔락거리던
그 남자는
앞서 나가고 있었던 걸까?

밧줄로 바지춤을 묶었던 남자는
지금 어떤 벨트를
차고 있을까?

다섯 번째 —

그게
뭐라고

우리 고양이는 청소기 소리가 싫어서
내가 청소를 시작하면
얼른 밖으로 도망가 버린다.

나는 그게 재미있어서
고양이가 돌아오면
다시 청소기를 켜서
겁을 주며 놀곤 했다.

기운이 넘쳤구나.
나도 고양이도.

지금은 나 스스로도
청소기 소리가 싫어져서,
언제부터인가
방 청소는 빗자루로 하고 있다.

오늘은 먼지가 이만큼 나왔구나, 하며
눈에 보이는 결과물에
큰 보람을 느낀다.

어라, 이게 뭐지?
콩깍지인가?
맞아, 맞아. 내가 어제 콩을 먹었지.
생각났다, 생각났어.

청소기가 더
능률적이고 효과적이고 위생적이라는 것을
머리로 이해는 하고 있다.

한 달에 한 번 뚜껑을 열어
어마어마한 먼지가 뭉쳐져 있는 것을 보고
놀랄 수는 있지만,

역시 하루하루 생활하며
날린 먼지가

살포시
빗자루 안에 미안한 듯
얌전히 들어앉아 있는 모습이
사랑스럽기도 하다.

현대라는 것은
청결함을 향한 한없는 욕망이
앞으로 앞으로 나아간
결과물인 것 같다.

하지만 나는 어딘가 찔리기도 한다.
충분히 청결하지 않다는 것이 죄악은
아닌가 싶어서.

그리고 그것은
눈에 보이지 않는 정신 속에서도
불결함은 죄라고
강요하는 것 같은
기분이 든다.

바꿔 말하면,
거절하게끔 하는 정신 구조가
만들어지는 것 같은
기분이 든다.

환자도 노인도 비행 청소년도 모두
평소에는 눈에 안 들어오게끔
못 본 척 하는 것 같다.

더러운 것은
더러운 것을 두는 곳에
모아 두자는 것처럼

못 본 척은 하다 보면
점점 잘 하게 된다.

하지만 사실은
더럽기만 한 건 없는 게 아닐까.

사람은 더럽고 깨끗하고
가리지 않고 살아서 비로소
사람이 아닐까 싶은데.

그렇게 살 수밖에
없는 게 아닐까 싶은데.

청결함에 관한 강박증은
나에게도 찌들어 있다.

가끔은 머릿속을
휘젓는 것 같은
청소기 소리를 견디며

문틀에 낀 먼지를
청소기로 빨아들이곤
아, 이제 깨끗해졌네,
속이 다 후련하다, 하고
만족하는 것이다.

하지만 내가 정말로
배짱이 있었더라면,
문틀에 낀 먼지?
그게 뭐라고,

그것 좀 꼈다고 죽나,
그런 게 다 쌓이고 쌓여
사람 사는 흔적인 거라고
말하고 싶다.

언젠가 그렇게 말할 수 있는 사람이
되고 싶다.

여섯 번째 ㅣ

아침에 눈을 뜨면
바람이 부는 대로

사춘기 시절엔
"사람은 무엇을 위해 사는 걸까."
매일매일 이 생각을 했다.

엄마를 봐도
어떤 명확한 비전을 가지고
살고 있는 것 같지 않고

그날그날
닥쳐오는 대로
자식을 꾸짖고

그러다 갑자기 웃고, 돈 계산을 하는
이런 모습을 보며 무척 경멸했다.

언젠가 이해할 날이 오겠거니
나도 지치면서
점점 생각을 하지 않게
되고 말았다.

지금 어떻게 생각해 봐도
나는 근거에 의해서
살아온 것이 아니었다.

그 뒤론 세상에는
이해할 수 없는 것투성이고
이해할 수 없는 것이 없어진다면
살아 봤자 재미없을 것이 분명하므로

이해할 수 없는 수많은 것들과
수많은 만남을 가질 것을
바라 왔다.

무엇을 표현하고 싶은가,
생애의 테마 같은 것은
나는 모르겠다.

인간이 살고 있는
이 우주의 어느 부분을
핀셋으로 집어 보아도,

그곳에 내가 느끼는 어떤
진실이라는 것이 있다면
그것으로 족하다고 생각하고,

내가 진실이라고 여기더라도
남들은 그렇게
생각하지 않을지도 모르며,

내일은 그건 내가
잘못한 건지도 모르겠다고
생각할지도 모른다.

게다가 내가 가장 싫어하는 것은
이게 진실이다, 이게 진실이다, 하고
시끄럽게 구는 것이다.

아침에 눈을 뜨면 식사 준비를 하고,
자식들이 죽지 않게,
누구나 하는 일을 할 뿐,

남들이 내 방식을 보면
얼굴을 찌푸리겠지만
허덕거리며 움직이다 보면
밤이 된다.

그 사이 생기는 틈에
그림을 그리거나
이야기를 지어내곤 한다.

주접스럽게도 오래오래
살고 싶다고 생각하는 것은
훌륭한 작품을 남기고 싶기 때문이 아니라,

전철 안에서
귓구멍에 털이 빽빽한,

그 털 안에 흰색, 갈색, 회색이 섞인
아저씨와 마주치거나

엘리베이터 안에서
이가 온통 금니인 아주머니와
마주치고 싶기 때문이다.

아들을 꾸짖으며 속이 끓고,
만화에 텔레비전에 넋이 나가 있는 것을 보면
좌절감이 들어도,

모은 용돈을 털어 내 생일에
장미꽃을 두 송이를 선물해 줄 때는,
죽고 싶지 않다고 생각하는 것이다.

★ 엄마 생신 축하해요!!

그토록 아내를 울려온 사람이
아내가 병이 들자 모든 것을 뒷전에 두고
정성을 다해 간병을 하고,

1주기에는 눈물 없이 읽을 수 없을 정도로 아름다운,
아내를 향한 글을 써서 주위에 돌렸다가,

3주기쯤에는
젊은 새 아내를 들여
알콩달콩 지내는 것을 알곤 하면

★ 우리 결혼했어요

곁에 가서 어깨를 다독여 주고
비싼 밥이라도 한 끼
사 주고 싶어진다.

가장 이해할 수 없는 것이 무엇이냐면
바로 남자와 여자의 관계이다.

★ 복권이 당첨되기를 / 영원히 함께 할 수 있기를 / 모두가 행복하기를

이것만은
비타민A 0.03mg 하는 것처럼
정확히 잘라 말할 수 없는 게
불편하면서도 좋은 기분이다.

★ 칠석 축제: 우리나라의 음력 7월 7일을 기리는 칠석제와 유사한 명절

★ 아침에 눈을 뜨면 바람이 부는 대로

일곱 번째 ―

아무것도
몰랐다

"언니, 있잖아…….”
어째서인지 낮게 누른 여동생의 목소리였다.

"……있잖아,
코우가 죽었대.
뇌경색으로 쓰러져서.
샌프란시스코에서."

정신이 들고 보니
나는 수화기를 손에 든 채
바닥에 털썩 주저앉아 있었다.

코우는 아버지 친구의 아들이다.
우리 가족이 베이징에 있었을 때,
우리 집 응접실에서 기는 연습을 했다.

다롄(大連)에 있는 코우네 집에서
테이블에 수북이 쌓인
고기만두를,

자, 먹자, 하고
생각한 순간

정전이 되었다.
떠올리면 지금도 입안에
침이 고인다.

고등학생이 된 코우가
홀쩍 우리 집에
찾아온 적이 있다.

카레 냄비를
두 무릎 사이에 끼우고

냄비 안에 밥을 쏟아부어서
와구와구 퍼먹었던 것만
생각이 난다.

그 모습이 너무 호쾌해서
나는 감동하고
말았다.

코우가 대학에서
연극을 시작하고,
포스터를 몇 번인가 부탁받았다.

★ 파란 방문 / 학생××극단 / 원작: ○○지로 / 연출: 다나카○○ / 각본: ○○하나코

아마 나에게 있어
일반에 공개된 첫 작업이었을 것이다.

내가 결혼한 뒤에도
가끔 집에 놀러 왔다.

어느 해 여름, 늘 새까맣던 코우의 얼굴이
유난히 하야니 밝아 보였다.

"취직했거든.
 여름 방학 내내 레몬팩을 했지."
나는 배신당한 기분이 들었다.
큰 상사 회사였다.

코우는 이따금
내 일터에 훌쩍 나타나곤 했다.

책상에 턱을 얹고
내가 일하는 모습을
몇 시간씩 신기한 듯 보고 있었다.

코우는 점점
유능한 회사원이 되어 갔다.
그리고 미국으로 전근을 가게 되었다.

뉴욕에 갔을 때,
코우와 식사를 했다.

사진을 보여 주었다.
정말 예쁜 아내와 딸이 사진에 있었다.

묘하게 여유 있게 웃었다.
그것이 나에게는
뽐내는 듯이 보였다.

마지막으로 만난 것은
숙부의 장례식장에서였다.

우리는 쉰을 넘긴 나이였다.
그의 얼굴에도 차분하니
관록이 배어 있었다.

나란히 묘지를 걸으며,
멀리까지 살아왔다고 생각했다.
이런 아줌마가 다 되다니,
이런 번듯한 아저씨가 다 되다니.

60년 넘게 알아 왔는데,
사진 몇 장과 그에 얽힌 기억 말고는
코우에 대해 아무것도 모른다.

아무것도 모르는데…
그냥 너무도 분했다.
나는 크게 소리 내어 울었다.

늙어 가는
모두에게 죽음이 다가온다.

앞으로도 살아간다는 것은
자기 주위의 사람들이 이런 식으로
멀어져 간다는 일인 것이다.

늙는다는 것은
그게 쓸쓸하다.

여덟
번째 ㅡ

두 살 터울의
오빠가 있었다

두 살 터울의 오빠가 있었다.
오빠는 심장이 오른쪽에 있고 변막증이 있고
입술과 손톱이 보라색이고

여위고
눈알만 커다랬다.

아버지가 오빠를 혼내면
나는 옆에서 울었다.

내가 실수를 하면
오빠는 내 주위를 맴돌았다.

때로는 내 간식을
막무가내로 빼앗아 가서
원망스러움에 몸부림쳤지만

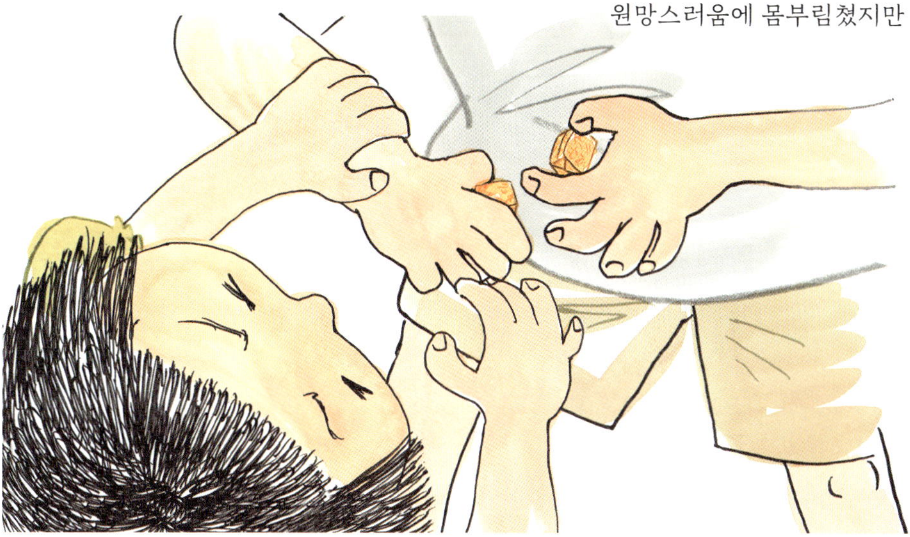

시간이 지나면
잊어버리고
같이 놀았다.

나는 오빠가 그림을 그리는 것을
자랑스럽고 존경스러운 마음으로
넋이 나가 쳐다봤고,

오빠가 시키면
내가 가진 모든 힘을 다해서
그 말에 따르려고 했다.

내가 밖에서 괴롭힘을 당하면
오빠는 어디에 있다가도
씽 하고 달려와

"누구야?" 하고
눈을 부라리며 가는 다리로
딛고 섰는데,
하나도 세 보이지 않아서,

흩어지는 아이들의 태도가
영 시원치 않았다.

오빠가 남자애들에게
발로 걷어차여 나뒹굴었던 적이 있었다.

나는 굵직한 장작을 주워 와
마구 울면서,
남자애들 엉덩이를
있는 힘껏 때렸다.

"대단하다." 하면서,
남자애들은
어디론가 가 버렸고,

오빠는 일어나면서
나를 노려보았다.

우리는 함께 살아가기 위해
서로 도와야 했다.

성장하고 떨어져서
각자 한 사람이 되기 전에
오빠는 죽었다.

오빠의 죽음은
유일무이한 존재가
상실되는 일도 있다는 것을
나에게 가르쳐 주었다.

남자를 사랑해서
아이를 낳았다.

나는 아이를 낳고 나서
주기만 하는 기쁨을
알게 되었다.

그것은 내가 어떻게 해서
얻은 것이 아니다.
아이가 태어남과 동시에
나에게 선사해 준 것이었다.

여덟 번째 — 두 살 터울의 오빠가 있었다

사랑했던 남자를 잃었다.
그것이 내 안에서 상실되고,
상실된 것을 물끄러미
바라보는 지옥을 알았다.

세상의 종교란
이윽고 상실될 사랑을
두려워한 인간이 지혜를 짜내
만든 건지도 모른다.

서서히 무너져 내린
가정을 꾸려 나가며,
나는 한 권의 그림책을 만들었다.

한 고양이가 한 암고양이를 만나
새끼를 만들고
이윽고 죽는다는
그런 단순한 이야기였다.

★ ① 죽지 않는 고양이
② 어느 때는 ○○의 고양이
③ 어느 때는 ○○의 고양이
④ 어느 때는 ○○의 고양이

『100만 번 산 고양이』
이 이야기가 내 그림책 중에서
드물게 잘 팔렸다는 것은

인간이
그런 단순한 일을
소박하게 바라고 있기 때문인 걸까 하는
생각도 들고

무엇보다도 내가
그런 단순한 일을 바라고 있다는
증거였던 것 같은 기분이 든다.

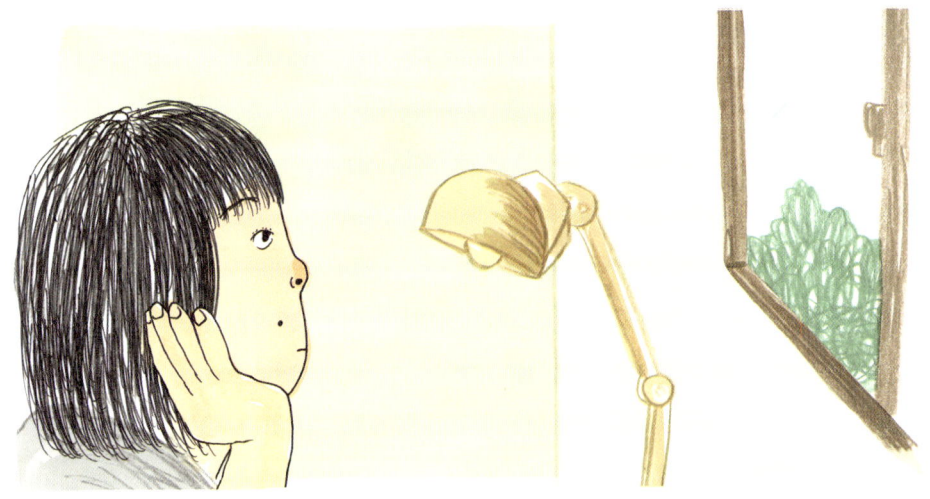

아홉 번째 —

평범하게 죽기

의사는 엑스레이
사진을
뷰어에 끼워 놓고
조금 침통한
표정을 지었다.

"암입니다.
 일주일이나 버틸지 모르겠네요."

후네를 데리고 돌아왔다.

후네는 가만히 눈을 감고
내려놓은 캐리어에 그대로 있었다.
옆에 물을 놔주고
슈퍼에 갔다.

가장 비싼 고양이 캔 사료를 열 개 샀다.
흰살 생선이 너무 맛있어서
아귀아귀 먹다 보면 암이 속을지도 몰라.

닭 간을 날름날름 먹다 보면
어쩌면 암이 질지도 몰라.

그렇게 되면 비싼 사료도 싼 거지.
하지만 기적은
일어나지 않을 거라고도 생각했다.

작은 접시에 한 수저를 떠서
후네의 코앞에 댔다.
냄새를 맡아 보고 후네는 한 수저만큼을 먹었다.

나는 기운이 나서 또 한 수저를 떠 주었다.
후네는 입을 다문 채 내 눈을 보았다.

"더 먹어 봐."
나는 말했다.

후네는 내 눈을 보면서
혀를 내밀어 흰살 생선을 딱 한 번 핥았다.
내 목소리에 있는 힘껏
대답해 주려고 했다.

네가 이렇게
착한 아이였던가,
몰랐어.

암이다 암이다 난리 피우지 않고
그냥 조용히 얌전히 있다니.
얼마나 장한가.

이따금 살며시 눈을 뜨고,
고독하게 멀리를 보다가,
다시 살며시 눈을 감았다.
그 눈에 고요한 체념이 있었다.

일주일 동안,
나는 두근두근 조마조마
마음이 진정되지 않았는데

후네는 오로지 방구석에서 조용히 같은 자세로 있었다. 배만 작게 오르락내리락 움직일 따름이었다.

볼 때마다 참 장하다, 사람이랑 달라, 하고 감탄했다.

이주일이 지나자,
욕실 타일 위에
웅크리고 있게 되었다.

열이 있어서
시원한 곳에 있고 싶은 건지,
방해받기 싫어서
어두운 곳에 있고 싶은 건지.

정확히 한 달 후.
후네는 방구석에 있었다.
꾸엑 하고 이상한 목소리가 들렸다.

뒤돌아보니 발을 조금
움직이고 있었다.
아아, 깜짝이야,
죽은 줄 알았네.

2초도 안 되어
다시 꾸엑 소리가 나고,
후네는 죽었다.
하나도 깜짝 놀라지 않았다.

아홉 번째 — 평범하게 죽기

나는 후네를 볼 때마다
사람이 암에 걸려서
소란을 피우는 것과 비교했다.

생물의 숙명인 죽음을
그대로 받아들이는
이 작은 생물의 눈에
내 자신이 움츠러들었다.

그 정숙함 앞에 부끄러움을 느꼈다.
내가 후네였다면 크게 아우성을 치고
아픈 소리를 하고, 그 고통을
저주했을 게 분명했다.

머나먼 옛날,
인간은 어쩌면
후네처럼,
후네 같은 눈을 하고
평범하게 죽었는지도 모른다.

★ 후네

수록 작품의 출전

『HUTSUU GA ERAI』(SHINCHOSHA)
「아 힘들어」 / 「가난한 사람의 품성」 / 「그게 뭐라고」

『KAMI MO HOTOKE MO ARIMASENU』(CHIKUMASHOBO)
「이거 사기?」 / 「아무것도 몰랐다」 / 「평범하게 죽기」
『어쩌면 좋아』(서커스)

『WATASHI NO NEKO-TACHI YURUSHITE HOSHII』(CHIKUMASHOBO)
「아침에 눈을 뜨면 바람이 부는 대로」
『아침에 눈을 뜨면 바람이 부는 대로』(북폴리오)

『WATASHI WA SOU WA OMOWANAI』(CHIKUMASHOBO)
「적어도 더 이상, 그 누구도 아무것도 생각해 내지 말았으면 좋겠다」 / 「두 살 터울의 오빠가 있었다」
『아니라고 말하는 게 뭐가 어때서』(을유문화사)

옮긴이 김수현

배화여자대학교 일어통역학과를 졸업하고 일본 문학 전문 번역가로 활동하고 있다. 옮긴 책으로는 『아웃』, 『천사의 나이프』, 『ZOO』, 『모르페우스의 영역』, 『타이니 스토리』, 『열세 번째 배심원』, 『어릿광대의 나비』, 『밤의 나라 쿠파』, 『죽은 자의 제국』 등이 있다.

요코 씨의 "말" 2
그게 뭐라고

1판 1쇄 펴냄 2018년 4월 20일
1판 2쇄 펴냄 2021년 6월 9일

지은이 사노 요코
그린이 기타무라 유카
옮긴이 김수현
발행인 박근섭, 박상준
펴낸곳 (주)민음사

출판등록 1966. 5. 19. 제16-490호
주소   서울시 강남구 도산대로1길 62
                강남출판문화센터 5층 (우편번호 06027)
대표전화 02-515-2000 | 팩시밀리 02-515-2007
www.minumsa.com

한국어 판 ⓒ 민음사, 2018. Printed in Seoul Korea
978-89-374-1321-6 (04830)
978-89-374-1319-3 (세트)

* 잘못 만들어진 책은 구입처에서 교환해 드립니다.